AF336534

RÉPUBLIQUE FRANÇAISE.

MINISTÈRE DE LA GUERRE.

INSTRUCTION

DU 30 JANVIER 1892

SUR LA MANIÈRE DE

Manutentionner et d'entretenir les Effets

DANS LES MAGASINS.

(Extrait du *Bulletin officiel*, partie réglementaire,
année 1892, n° 7.)

PARIS
11, *place Saint-André-des-Arts.*

LIMOGES
46, *Nouvelle route d'Aixe*, 46.

IMPRIMERIE ET LIBRAIRIE MILITAIRES

HENRI CHARLES-LAVAUZELLE

ÉDITEUR

1892

INSTRUCTION

DU 30 JANVIER 1892

SUR LA MANIÈRE DE

MANUTENTIONNER ET D'ENTRETENIR LES EFFETS

DANS LES MAGASINS.

Observations préliminaires.

La présente instruction a pour objet de guider les corps et les officiers comptables dans les mesures à prendre pour assurer la conservation et l'entretien des effets et du matériel réunis dans les magasins des corps et dans les établissements administratifs du service de l'habillement et du campement.

Les prescriptions ci-après indiquées, dictées par l'expérience, ont donné, jusqu'ici, de bons résultats, mais elles n'ont rien d'absolu, et les gestionnaires des approvisionnements restent libres, sous leur responsabilité, d'appliquer, en dehors des moyens développés dans la présente instruction, tout procédé ou mode de conservation que leur expérience, le climat, leur personnel, les circonstances spéciales, l'agencement des locaux, etc., pourront leur suggérer.

Quels que soient les moyens employés, les fonctionnaires de l'intendance, en visitant les magasins des corps et les magasins administratifs placés sous leur surveillance administrative, examineront si le matériel est en bon état d'entretien ; ils appelleront, si cela est nécessaire, l'attention des conseils d'administration et des officiers comptables sur les mesures complémentaires qu'il y aurait lieu de prendre pour la conservation des effets.

Enfin, dans leurs inspections, les officiers généraux s'assureront que toutes les mesures sont prises dans l'intérêt de l'armée et du Trésor pour le bon entretien des approvisionnements.

HABILLEMENT.

Effets d'habillement. — Les lainages, les effets en laine, les feutres et les pelleteries sont exposés aux attaques de teignes, vulgairement appelées vers ou mites. Les détériorations produites par ces parasites sont surtout à redouter dans la periode des chaleurs et plus spécialement du mois d'avril au mois de septembre, époque de la ponte des insectes.

L'attention doit se porter surtout sur les moyens à employer pour éloigner les larves et empêcher l'insecte de déposer ses œufs, ou pour le détruire lorsqu'il s'est introduit dans les objets à conserver.

Au premier rang des mesures à prendre, viennent se placer l'époussetage, le lavage et le blanchiment de toutes les parties des pièces contenant les effets.

Ensuite, les brossages et les battages réitérés constituent le préservatif le plus efficace.

Enfin, on emploie certains ingrédients qui ont la propriété d'éloigner les insectes.

Les effets en laine doivent être emmagasinés dans des locaux frais et parfaitement propres. Les portes et les fenêtres doivent être tenues fermées.

Mais il importe de laisser pénétrer aisément la lumière par des carreaux de verre, l'insecte ravageur se plaisant dans l'obscurité.

Toutefois, afin de tamiser les rayons solaires pendant les grandes chaleurs, on devra blanchir les carreaux au moyen d'un lait de chaux.

Il sera néanmoins fait emploi de rideaux toutes les fois que la nécessité en sera démontrée.

Il est essentiel d'épousseter avec soin les plafonds et les murs de manière qu'ils ne gardent aucune trace de poussière. Après chaque battage, que les circonstances auront obligé à effectuer dans l'intérieur même du magasin, les planchers seront lavés sur toute leur surface et, avec un soin tout particulier, sous les étagères, au pied des murs et dans les coins. Le lavage des planchers en bois sera effectué au moyen d'une dissolution de potasse d'Amérique ; chaque matin, avant l'apparition du soleil dans le magasin, celui-ci sera aéré et balayé et les effets époussetés, quand cela sera nécessaire

Les ingrédients les plus efficaces pour préserver des insectes les effets en laine, sont :

La poudre de pyrèthre, le camphre, l'acide phénique, l'acide sulfureux et la naphtaline.

Poudre de pyrèthre. — Les effets saupoudrés, à l'endroit, de poudre de pyrèthre, au moyen d'un soufflet *ad hoc*, sont pliés à l'envers dans toute leur longueur, puis saupoudrés extérieurement, empaquetés et pliés sur les étagères. La poudre de pyrèthre perdant vite, à l'air, ses propriétés insecticides, il faut épousseter souvent (au moins une fois par mois) l'extérieur des piles pour en détacher la poudre altérée, et y insuffler de la poudre fraîche.

Il faut, au plus, 4 grammes de poudre par dix lots d'effets d'habillement ou par dix couvertures.

Camphre. — Le camphre s'emploie de la même manière.

Acide phénique. — L'acide phénique à employer est composé d'une solution titrée d'acide cristallisé contenant pour cent :

Acide phénique cristallisé, 80 grammes.
Alcool mauvais goût, 20 grammes.

Cette solution s'emploie de plusieurs façons :

1° On arrose le sol avec une dissolution composée comme il suit :

Solution titrée d'acide phénique, 10 grammes ;
Eau commune, 1 litre.

Pour opérer le mélange on fait usage de vases d'une contenance de 6 litres que l'on agite à diverses reprises pour faciliter l'opération.

Les arrosages doivent avoir lieu deux fois en mai, trois fois par mois de juin à septembre, une fois par mois le reste de l'année.

2° Au lieu d'arroser le sol, on peut disposer à demeure, dans les magasins, des récipients ouverts contenant une certaine quantité de la dissolution ci-dessus ; on les agite souvent et on renouvelle la dissolution aux époques indiquées pour l'arrosage.

3° On peut encore tremper du coton cardé dans la solution titrée, l'envelopper dans des cornets en papier fort, et disposer ceux-ci entre les piles d'effets ou objets. L'odeur dure environ un mois.

Pour renouveler l'acide, il suffit d'ouvrir le cornet, de verser sur le coton quelques gouttes du liquide et remettre le cornet en place.

L'acide phénique liquéfié, dénomination courante de la solution titrée, est fourni par les hôpitaux militaires ; dans les garnisons où il n'existe pas d'hôpitaux militaires, les corps ou services achètent dans le commerce l'acide cristallisé et l'alcool et opèrent eux-mêmes la solution.

Acide sulfureux. — Les fumigations d'acide sulfureux ne seront

employées pour la destruction des insectes que si les moyens précédents ainsi que les battages et brossages réitérés sont restés
impuissants.

Dans les corps de troupe, l'opportunité de cette mesure et son
mode d'application, selon les circonstances locales, seront toujours soumis à l'autorisation préalable du sous-intendant militaire
chargé de la surveillance administrative.

On évitera de soumettre à l'opération les effets de couleur tendre, les tissus en fil teint et notamment les toiles de havresacs
ainsi que les effets comportant des ornements d'or et d'argent.
Lorsque les fumigations s'appliqueront à la fois aux approvisionnements et aux locaux qui les contiennent, les effets de la nature
de ceux sus-énumérés seront sortis des magasins.

Les fumigations s'opéreront de la manière suivante :

Les effets à y soumettre seront enfermés et noués dans des toiles
d'enveloppe, puis portés dans une chambre isolée bien close, et
cubant au plus 50 mètres; les joints des portes et des fenêtres de
cette salle seront hermétiquement fermés à l'aide de bandes de
papier collé.

Sur le sol, on place des récipients en poterie, contenant au plus
250 grammes de soufre en canon ; on en met suffisamment pour
qu'il y ait, par mètre cube d'air, de 20 à 30 grammes de
soufre.

On enflamme le soufre avec du papier ou une mèche de ton-
nelier.

Si la chambre est planchéiée, on place les récipients sur un lit
de sable de $0^m,25$ d'épaisseur.

Les effets sont suspendus sur des tringles ou des cordes. Au bout
de douze heures, la désinfection est terminée, sans altération
appréciable de la couleur et de la solidité des tissus.

La salle est alors ouverte, un courant d'air y est établi ; on n'y
séjourne qu'après une heure de ventilation. Les effets sont exposés
à l'air libre pendant deux ou trois jours, puis battus et brossés.

On peut même les laver dans une eau légèrement alcaline, afin
de faire disparaître ou neutraliser toute trace d'acide sulfureux.

Les parties en métal (boutons, etc.) seront couvertes d'une
légère couche de soufre, qui disparaîtra par un brossage fait aus-
sitôt après l'opération.

Naphtaline. — La naphtaline s'emploie seule ou bien associée au
camphre, suivant le mode ci-après indiqué, savoir :

Naphtaline pure. — La naphtaline pure s'emploie pour la conservation des effets de laine ne nécessitant pas de manutentions
fréquentes et emmagasinés dans des locaux suffisamment aérés,
afin d'atténuer ou d'éviter les inconvénients que peut occasionner
l'odeur pénétrante dégagée par ce produit. Il sera préférable d'employer la naphtaline pure livrée par le commerce, sous forme de

tablettes (naphtaline en pain) qu'on placera directement au milieu des effets à conserver.

Naphtaline mélangée. — Le produit mélangé de naphtaline et de camphre dans la proportion de une partie de camphre et de trois parties de naphtaline atténue l'odeur de la naphtaline pure, en conservant à cette substance les propriétés insecticides nécessaires ; il peut être employé sans inconvénients par les ouvriers de magasin.

Les tablettes du produit mélangé se trouvent assez difficilement dans le commerce ; elles sont d'un prix assez élevé ; on pourra les remplacer avantageusement en préparant le mélange en grains dans les magasins administratifs et dans les corps de troupe, à l'aide de naphtaline que le commerce livre sous forme de paillettes (naphtaline sublimée), trois parties et de une partie de camphre finement concassé. Le mélange peut se faire approximativement à la main, au fur et à mesure des besoins ; il est réparti dans de petits sachets qu'on place dans les effets à conserver.

Il sera fait usage de la naphtaline pure ou mélangée, en raison de son prix peu élevé (de 0 fr. 50 à 0 fr. 70 le kilogramme pour la naphtaline pure), de préférence à la poudre de pyrèthre et au camphre, dont l'usage sera néanmoins continué chaque fois que l'emploi de ces dernières substances présentera des avantages sur la naphtaline en raison de la nature, du mode de paquetage et d'arrimage des effets à préserver.

Brossages et battages. — Les effets d'habillement seront battus et brossés aussi souvent que possible, surtout l'été, à l'endroit et à l'envers ; le brossage des coutures, surtout, sera fait avec soin. L'opération se fera autant que possible loin des magasins. Lorsque cette opération aura lieu à proximité des locaux, ceux-ci seront entièrement fermés pour que la poussière soulevée par le battage n'y pénètre pas.

La bonne conservation des effets est absolument subordonnée à la fréquence des brossages et des battages, surtout d'avril à octobre.

Arrimage. — Le paquetage des effets d'habillement doit être fait avec soin, pour éviter les faux plis ; chaque paquet comprend dix effets, liés par deux ou trois ficelles.

Des bandes doubles de papier goudronné, le goudron en dedans, sont placées entre les ficelles et les effets pour éviter que le frottement des ficelles ne coupe les effets.

Les étagères seront, avant de recevoir les effets, recouvertes de feuilles de papier goudronné, la face enduite tournée du côté du plancher. Chaque pile d'effets sera aussi recouverte de ce papier, le goudron en dessus.

Nettoyage des effets réintégrés. — Tout effet réintégré au magasin de compagnie doit être nettoyé et dégraissé. On commence par battre et brosser l'effet, pour ôter la poussière et faire mieux

apparaître les taches; puis, suivant leur nature, on enlève celles-ci
à l'aide d'un des ingrédients ci-après :

1° *Eau tiède,* autant que possible ;
2° *Savon blanc,* pour les doublures ;
3° *Alcali volatil,* pour les taches grasses des parties du drap non
doublées ou parementées ;
4° *Savon à détacher,* pour les taches grasses des parties de drap
doublées ou parementées ;

Les corps peuvent fabriquer ce savon. On prend pour cela
300 grammes de terre à foulon, sans pierres et bien pulvérisée ; on
l'humecte avec de l'essence de térébenthine ou de lavande, de
manière à éviter toute poussière pendant la manipulation ; on ajoute
un mélange de 300 grammes de sous-carbonate de potasse pur et
de 300 grammes de bonne potasse de commerce ; on fait du tout
une pâte qu'on malaxe avec un peu de savon vert. Quand le
mélange est bien homogène, on le forme en petits pains qu'on
laisse sécher.

Pour employer ce réactif, on humecte la tache avec de l'eau ;
on frotte la partie humide avec le savon ; puis, avec la main,
l'éponge ou la brosse, on frotte fortement pour faire pénétrer le
savon dans l'étoffe. Peu après, on étend l'étoffe et on mouille à
l'eau jusqu'à complet enlèvement du savon.

5° *L'acide oxalique,* pour les taches anciennes de sueur, d'urine
ou autres, de nature alcaline, *ayant résisté aux moyens ci-dessus.*

L'acide, dissous dans dix fois son poids d'eau, est déposé goutte
à goutte sur la tache préalablement mouillée pour faciliter la péné-
tration de la dissolution ; peu après, on mouille encore avec de
l'eau additionnée d'un peu d'alcali volatil, pour neutraliser l'action
toujours un peu destructive de l'acide qui pourrait être en excès.
*L'usage de cet acide devra toujours être l'objet d'une attention spé-
ciale.*

Le rinçage des doublures doit se faire à grande eau, de manière
à éliminer entièrement le savon qui, s'il restait dans le tissu, lui
donnerait de la raideur et de l'odeur.

Le lavage des doublures ne doit être pratiqué qu'après la dispa-
rition de toutes les taches de l'étoffe.

Sans cela, des taches encore humides de l'eau de savonnage
échapperaient à la vue et reparaîtraient plus tard.

COIFFURE.

La conservation des coiffures exige des soins minutieux et une
surveillance constante ; on devra procéder à des visites et à des
brossages fréquents, surtout en avril et mai, puis en août et septembre.

L'emmagasinage de ces objets doit avoir lieu dans des locaux
secs et bien aérés.

Shakos. — Les shakos, très propres et recouverts de papier, sont placés sur les étagères, emboîtés l'un dans l'autre, sans être serrés. Chaque pile ne comprendra que 20 à 25 shakos pour éviter la déformation de ceux de ces effets qui se trouvent en dessous.

Les shakos en drap sont soumis à des brossages fréquents.

Pour éviter d'user le drap, on emploiera des brosses douces. Il conviendra d'examiner avec soin les parties recouvertes par le bourdalou, le galon de pourtour ainsi que les tresses et cordonnets, les mites se glissant fréquemment entre ces accessoires et le drap. On devra, dans le même but, visiter minutieusement l'intérieur de ces coiffures.

Képis. — Les képis sont arrimés comme il suit : on fait des couronnes de 50 képis, en laissant entre les visières assez d'espace pour que l'air circule et les maintienne à l'état sec. Les couronnes peuvent être empilées tant que la hauteur de l'étagère le permet.

Les jugulaires sont empaquetées et placées à côté des couronnes de képis en nombre égal à celui de ces coiffures.

Les képis sont soumis à des brossages fréquents.

On devra visiter avec beaucoup d'attention l'intérieur de ces coiffures, en soulevant la basane et en relevant la carcasse en toile, les mites se logeant volontiers entre la carcasse ou la basane et le drap.

Casques. — Les casques sont emmagasinés sans la moindre rouille et bien secs, sauf la bombe en acier qu'on graisse légèrement avec un mélange composé de deux tiers de suif de mouton et d'un tiers d'huile d'olive, mélangés à feu nu, avec réduction d'un quart.

Les casques sont complètement enveloppés de papier gris maintenu par des ficelles, de manière à éviter le contact de l'air et les effets de son action oxydante ; ils sont ensuite rangés dans cet état sur les rayons destinés à les recevoir.

Fausses jugulaires de képis de sous-officiers. Galons de métal. — Les fausses jugulaires de képis de sous-officiers sont conservées séparées de cet effet. Elles sont placées, bien en contact l'une contre l'autre, dans le sens de leur longueur, et enveloppées dans une feuille de papier de soie, puis dans une feuille d'étain, et enfin dans du papier ordinaire. Les paquets sont renfermés dans une caisse à l'abri de l'air et de la lumière. Elles sont fixées aux képis au moment de la mise en service.

Les galons en métal sont conservés d'après le même procédé.

Les caisses sont fermées et la clef conservée par l'officier d'habillement ou celui qui en remplit les fonctions.

Les fausses jugulaires en métal existant dans les approvisionnements se trouvent souvent oxydées après un séjour de quelque temps en magasin.

Afin d'assurer la mise en service de ces accessoires, il doit être fait usage, pour leur réparation, du procédé suivant :

1° On plonge la fausse jugulaire dans de l'ammoniaque causti-que étendue de son volume d'eau. On remue avec une baguette en verre, de façon à bien imbiber la tresse et à faciliter la dissolution des matières grasses qui peuvent la souiller ;

2° On rince à l'eau distillée, et, à défaut, à l'eau de pluie ;

3° On l'immerge dans une solution de cyanure de potassium au 1/20 (5 grammes de cyanure pour 100 grammes d'eau distillée ou d'eau de pluie), on remue avec un agitateur en verre et, en une ou deux minutes, on voit le galon reprendre une teinte jaune d'or uniforme. (Eviter pour la préparation de cette solution, l'emploi de récipients destinés à recevoir les aliments);

4° Après un nouveau lavage à l'eau distillée ou, à défaut, à l'eau de pluie, pour enlever l'excès du réactif, la jugulaire est enveloppée dans du papier buvard et mise à sécher dans une étuve ou sur un fourneau modérément chauffé.

Si quelques parties avaient résisté à ce traitement, il suffirait de le répéter en frottant particulièrement les points restés ternes.

Ce nettoyage est des plus simples. Toutefois, en ce qui concerne l'emploi du cyanure de potassium, on tiendra compte des recommandations suivantes : le nettoyage devra être surveillé par un gradé auquel on fera connaître que cette composition est un poison violent ; les hommes employés ne devront avoir aucune écorchure, si petite soit-elle, aux mains ; la dissolution sera achetée toute préparée chez un pharmacien civil, lorsqu'elle ne sera pas fournie par un hôpital militaire. En tous cas, le soin de préparer le mélange prescrit ne devra jamais être laissé aux hommes préposés au nettoyage.

L'ammoniaque vaut 0 fr. 70 le kilogramme ; le cyanure de potassium vaut environ 6 francs le kilogramme. Or, 50 grammes d'ammoniaque et 5 grammes de cyanure sont largement suffisants pour le nettoyage d'une vingtaine de fausses jugulaires. La dépense pour chacune d'elles sera, par suite, inférieure à 1 centime.

Pour conserver ces accessoires en magasin, il faut employer de préférence des feuilles ou du papier d'étain.

En principe on doit traiter avec un commerçant spécialiste de la localité pour la mise en état des fausses jugulaires en métal.

La dépense sera supportée par la masse d'habillement et d'entretien (fonds commun).

GRAND ÉQUIPEMENT.

Les effets en cuir de grand équipement se conservent aisément. Les causes principales de détérioration sont la sécheresse et l'humidité ; l'emmagasinage aura donc lieu dans des locaux ni trop frais ni trop secs. Des manutentions périodiques détruiront les germes de détérioration à craindre surtout dans les magasins dont l'état laisse a désirer.

Graissage des cuirs. — Avant d'être arrimés, les effets seront graissés avec le mélange suivant :

Suif de 1re qualité : 30 p. 100 en été, 20 p. 100 en hiver ;
Huile de pied de bœuf : 70 p. 100 en été, 80 p. 100 en hiver.

Cette composition s'obtient en faisant fondre le suif sur un feu peu ardent et en y délayant l'huile versée doucement et peu à peu. Il faut environ 2 kilog. 500 par 100 collections complètes d'effets de grand équipement.

On étend le mélange à froid et avec une brosse demi-dure en soie, sur la fleur du cuir préalablement bien essuyée, puis on laisse les effets ainsi graissés et bien frottés, exposés à l'air jusqu'au lendemain. On réunit alors en paquets, fleur contre fleur, les effets dont la forme se prête à cette disposition, sans les essuyer.

Pour les cartouchières, havresacs, gibernes, on ne graisse que les passants, les martingales, les pattes, les charnières, les contre-sanglons, en un mot toutes les parties mobiles qui doivent rester souples. Pour les parties cousues à demeure, comme les passants du dessus du havresac, pour les coffrets de cartouchières ou de gibernes, le graissage est inutile.

L'opération est à renouveler tous les deux ans.

A la mise en service, on essuie soigneusement les effets avec un chiffon, pour éviter les taches aux vêtements.

Arrimage. — Les ceinturons, bretelles de fusil, bélières, courroies, etc., réunis en paquets de 20, sont arrimés en piles par rangs croisés, de façon à laisser l'air circuler entre les paquets.

Les havresacs, gibernes, cartouchières, porte-épées, etc., sont empilés régulièrement, les porte-épées par paquets de 10, en ménageant autant que possible des intervalles pour la circulation de l'air.

Il est indispensable d'épousseter très souvent les piles extérieurement pour en détacher la poussière.

CHAUSSURE.

Arrimage. — Les prescriptions pour l'emmagasinage des effets de grand équipement, sous le rapport des locaux et de l'arrimage, sont applicables aux chaussures. Avant de ranger celles-ci sur les étagères, il faut séparer les clous du cuir avec du papier fort, commun, et envelopper les éperons de la même manière.

Nourriture Mironde. — Pour conserver leur souplesse aux tiges des bottes, bottines et brodequins, et aux empeignes de toutes les chaussures ayant ou non servi, on emploie la composition dite « nourriture Mironde » de la manière suivante :

1° On brosse d'abord avec soin les chaussures à sec ; on les lave ensuite avec une éponge, une brosse ou un chiffon imprégnés d'eau de façon à faire disparaître toute trace de poussière ou de moisissure et, si les chaussures ont déjà servi, de manière à enlever le cirage qui peut encore les recouvrir. On laisse sécher à l'ombre un quart d'heure, puis on essuie au chiffon sec

2° On étale uniformément la nourriture sur la surface extérieure du cuir à raison de : .

    30 grammes par paire de bottes ;
    25   —   —   bottines ;
    15   —   —   brodequins ;
     9   —   —   souliers.

En étalant la nourriture Mironde, on aura soin d'éviter d'en mettre sur les coutures.

3° On laisse sécher à l'air et à l'ombre, en évitant soigneusement le soleil et le feu ; si, après l'opération, quelques chaussures ne sont pas assez imprégnées, on ajoute une légère couche de nourriture, sans mouiller le cuir.

Quand la sécheresse est complète, on arrime les chaussures. *Il faut attendre vingt-quatre heures pour cirer s'il y a lieu.*

La nourriture Mironde se décompose à la chaleur ; il faut la conserver à la cave ou dans un endroit frais.

Les chaussures de fabrication récente peuvent être conservées en magasin environ six mois, sans être graissées.

La nourriture devra être appliquée annuellement sur les souliers, plus souvent sur les chaussures à tiges.

Graisse Thomas. — Ce produit sera employé dans les magasins administratifs et dans les magasins des corps de troupe, concurremment avec la nourriture Mironde.

La nouvelle graisse convient plus particulièrement pour le matériel en magasin qu'elle est susceptible de préserver de toute moisissure ; la nourriture Mironde sera plus spécialement réservée pour le graissage des chaussures ayant déjà servi.

La graisse s'emploie de la manière suivante :

1° Appliquer la graisse avec un tampon en chiffon de toile ou de coton, et en évitant de se servir des doigts ou de la main. L'opération devra être faite de préférence, en été. Si le graissage devait avoir lieu en hiver, il faudrait avoir soin de l'effectuer dans un local chauffé à une température de 15 à 20 degrés.

En Algérie, les graissages seront faits de préférence au printemps ou en automne.

2° Les chaussures et les autres effets de cuir seront brossés avec soin à l'état sec avant d'être enduits de graisse. Le corps gras sera étendu uniformément sur toute la surface extérieure de l'objet au moyen du tampon décrit ci-dessus, qui est de la grosseur d'un œuf ; on frottera de manière à faire pénétrer la graisse dans le cuir.

PETIT ÉQUIPEMENT.

Les effets en toile ne nécessitent que quelques manutentions; il suffit de les plier avec soin, d'épousseter souvent l'extérieur des piles, et de déplacer quelquefois les paquets qui sont à l'intérieur des piles pour les exposer à l'air.

Les brosses sont renfermées à l'abri du soleil et conservées à l'aide des ingrédients prescrits pour les effets en laine.

Les objets en métal sont entretenus comme il est dit ci-dessous pour les objets de campement.

CAMPEMENT.

Bois. — Les objets en bois sont renfermés à l'abri du soleil, dans des salles bien aérées. Lorsque la forme des objets le permet, on les empile par rangs croisés de façon à laisser l'air circuler entre eux. Les douilles de supports brisés seront enduites d'un vernis noir minéral additionné de 1/10 d'essence de houille; chaque douille recevra extérieurement une couche de vernis. Un kilogramme du mélange permet d'enduire environ 500 douilles.

Cordes. — Les cordes doivent reposer dans un local sec, sur un plancher en bois ou sur un patin. On évitera de les accrocher aux murs ou aux plafonds, pour les soustraire à la poussière et à l'humidité.

Couvertures. — Les couvertures demandent les mêmes soins que les effets d'habillement.

On les empile développées de toute leur étendue, pour offrir moins de surface aux mites. On place dans les piles, de distance en distance, des morceaux de camphre de la grosseur d'une noix, renfermés dans un sachet de toile claire.

On les bat avec des baguettes flexibles, deux fois par an, en mars ou avril et en septembre ou octobre. Après les battages, on répand de la poudre de pyrèthre dans le local affecté à ces effets et sur toutes les faces des piles.

Les moyens indiqués ci-dessus sont suffisants pour conserver des couvertures non contaminées.

Mais, si l'insecte est parvenu à s'introduire dans les couvertures, on les immergera, pendant trente-six heures autant que possible, dans de l'eau courante, afin d'entraîner les larves ou vers provenant des œufs déposés par les insectes ravageurs. Après séchage, les couvertures seront battues et brossées avec soin sur toute leur étendue.

Au cas où ce procédé serait insuffisant, on devrait avoir recours à la sulfuration suivie d'une nouvelle immersion dans l'eau courante.

On estime que 30 grammes de soufre en canon, par mètre

cube du local dans lequel la sulfuration aurait lieu, peuvent être considérés comme un poids maximum.

Partout où la chose sera possible, le meilleur de tous les procédés est le passage des effets contaminés à l'étuve chauffée à la vapeur sous pression.

Outils. — Quand on emmagasine les outils, on essuie avec soin les parties en fer, et on les graisse fortement. Pour les préserver de la rouille, on peut encore employer le *coaltar*, dont une légère couche protège absolument le fer de l'action de l'air et de l'humidité.

Toiles, sacs tentes-abris. — La colle employée au parage des fils de chaîne, l'enduit gommo-résineux qui imprègne les filaments de lin et de chanvre, et que le lessivage n'élimine pas entièrement, sont composés d'éléments fermentescibles qui exposent la toile à se moisir, s'échauffer et se détériorer. Pour éviter ce danger, les objets en toile ne seront emmagasinés que bien secs, dans un local un peu frais, mais sans la moindre humidité. On devra, surtout en été, les manutentionner souvent, les déplier et les exposer à l'air.

Ustensiles. — Les ustensiles sont préservés de la rouille et entretenus à l'aide de l'*huile antoxyde Bourgeois.*

L'emploi de cette huile comprend deux opérations :

1° Graissage. — Si le produit est liquide, l'employer tel qu'il est; s'il est congelé, liquéfier à la chaleur la quantité à utiliser.

L'ustensile est bien essuyé, surtout aux angles, près des soudures, près des parties agrafées; on s'assure qu'il n'y a pas trace d'oxydation; puis on étale l'antoxyde comme une peinture sans excédent ni coulage, avec un tampon et un pinceau pour les parties que le tampon ne peut atteindre.

Tout excédent empêche le séchage, tandis que lorsque l'objet graissé est sec, l'antoxyde forme un vernis isolant et sans gerçures, qui met le métal à l'abri de l'air et de l'humidité, et, par suite, de toute oxydation.

Ce vernis doit être très sec, n'adhérant pas aux doigts et ne se chargeant ni de poussière ni de débris de paille. Un lavage à l'eau chaude en débarrasse les ustensiles.

2° Récurage. — Quand les ustensiles ont été attaqués par la rouille, on enduit grassement d'antoxyde les parties rouillées, ingt-quatre heures, si c'est possible, avant d'en entreprendre le récurage.

Après ce délai, on enlève soigneusement les taches de rouille avec du sable très fin, au moyen d'une curette en bois tendre. Lorsque toute trace d'oxydation a disparu, on graisse l'ustensile comme il est dit plus haut.

Seaux en toile. — Les seaux en toile, vu leur but, seront toujours tenus dans un parfait état de propreté.

A cet effet, ils ne seront emmagasinés qu'après avoir été bien séchés et débarrassés de la poussière et de toute souillure susceptible de gâter ou de salir l'eau.

Précautions pour la mise en service. — Avant tout nouvel usage, les seaux seront battus et brossés avec soin, surtout sur les coutures. On y passera ensuite de l'eau à deux ou trois reprises pour dissiper l'odeur de renfermé; puis on y laissera séjourner de l'eau quelques heures pour faire subir à la toile la rétraction nécessaire pour que le seau ne laisse plus échapper le liquide qu'il contient.

La manière d'employer cet ustensile ne présente pas de difficultés, même dans les cours d'eau peu profonds ou vaseux; la flexibilité des parois permet de diminuer à volonté la hauteur du seau.

On évitera autant que possible de déposer les seaux sur le sol, même si ce dernier paraît sec, attendu qu'ils laisseront toujours passer assez d'humidité pour le transformer en boue.

Après l'usage, avant d'empaqueter les seaux, on les nettoiera et on les séchera avec soin. Si un départ inopiné oblige à les empaqueter encore humides, on devra, dès l'arrivée, les déployer et les sécher au grand air, quand le temps le permet; à l'abri quand le temps est mauvais, mais toujours en les suspendant à quelque distance du sol.

Le séchage terminé, les seaux qui ne devront pas être immédiatement utilisés seront brossés, puis paquetés.

Paquetage et arrimage. — Le paquetage s'effectue en aplatissant l'un sur l'autre l'orifice et la base de l'objet, après les avoir légèrement tournés à l'envers l'un de l'autre.

Dans cet état, le seau est placé :

1° Quand l'homme le porte, sur la face externe du havresac d'infanterie, où il est maintenu par la grande courroie de charge, ou sur le manteau roulé, dans la cavalerie, du côté hors montoir, où il est aussi maintenu par la courroie de charge;

2° Quand il est emmagasiné, par paquets de 10, liés par deux ficelles croisées. Ils sont conservés dans des locaux secs et aérés. Autant que possible, ils sont empilés sur des étagères, ou tout au moins isolés du sol, sur un plancher ou sur un patin. Si on était forcé d'abriter les seaux dans des combles ou sous des hangars, on s'assurerait, après chaque pluie, que l'eau n'a pas pénétré dans l'intérieur des piles. Au cas où quelques seaux auraient été mouillés, il faudrait défaire les paquets et faire sécher tous les seaux qui présenteraient des traces d'humidité.

Ces prescriptions sont essentielles. Elles ont pour objet de préserver ces effets des détériorations résultant de l'influence simultanée de la chaleur et de l'humidité. On s'assurera souvent, en introduisant la main dans les piles, qu'il n'y a pas trace d'échauffement.

Destruction des animaux rongeurs.

Les effets doivent être préservés avec le plus grand soin contre les animaux rongeurs. Les corps achètent les pièges et ingrédients nécessaires pour la destruction de ces animaux et entretiennent des chats dont la nourriture peut être facilement fournie par les ordinaires.

Les corps doivent enfin s'adresser, sans délai, au service du génie pour faire boucher tous les trous pouvant servir de refuge aux rongeurs.

Dépenses, achats d'ingrédients, etc.

Les dépenses occasionnées par l'achat des ingrédients dont il est question au cours de la présente instruction sont imputables soit à la masse d'habillement et d'entretien, soit au budget de l'habillement selon les cas définis au tableau n° 4 annexé à l'instruction du 16 novembre 1887, modifiée le 18 mars 1889. L camphre, la poudre de pyrèthre, l'acide phénique liquifie seront demandés aux hôpitaux militaires, à charge de remboursement. Dans les garnisons où il n'existe pas d'hôpitaux militaires, les corps en service achèteront dans le commerce l'acide cristallisé et l'alcool et opéreront eux-mêmes la solution.

Toutefois, lorsque le prix d'achat sur place sera supérieur de plus d'un tiers au prix ministériel (nomenclature des hôpitaux), les substances dont il s'agit devront, à moins de circonstances urgentes et exceptionnelles dont l'appréciation incombe aux directeurs du service de l'intendance, être tirées des établissements du service de santé.

Tous les autres ingrédients sont achetés directement dans le commerce, par les soins des conseils d'administration.

Le prix du soufre en canon est au maximum de 35 francs le quintal.

La nourriture Mironde est expédiée aux corps, en France et en Algérie, au prix de 1 fr. 35 le kilogramme, envoi net de tous autres frais.

La graisse Thomas est remboursée par les parties prenantes au prix de 1 fr. 60 le kilogramme ; elle est fournie et expédiée dans les conditions prévues à l'annexe 2 de la présente instruction.

L'huile antoxyde Bourgeois est cédée à l'usine au prix maximum de 0 fr. 95 le kilogramme. Elle est expédiée aux corps, en France et en Algérie, au prix de 1 fr. 40 le kilogramme en bidons de 25 kilogrammes, et de 1 fr. 20 le kilogramme en fût pétrolier perdu de 150 kilogrammes. Déduction doit être faite du poids du récipient.

Le prix du vernis noir minéral est d'environ 0 fr. 60 le kilogramme ; l'essence de houille revient au même prix. Ces produits seront achetés dans le commerce.

Le Président du conseil, Ministre de la guerre,
Signé : C. DE FREYCINET.

ANNEXES

A l'instruction relative à la manière de manutentionner et d'entretenir les effets dans les magasins.

ANNEXE N⁰ 1.

Dispositions à prendre pour le nettoyage et la désinfection des instruments de musique à vent, en cuivre et en bois.

Quand un instrument de musique a servi pendant quelque temps, il se forme dans ses parties déclives un amas de matières grisâtres, constitué par des mucosités dans lesquelles se trouvent de nombreux ferments qu'il importe de détruire parce que certains d'entre eux peuvent pulluler et se transmettre, en causant des maladies plus ou moins graves. Cet amas de mucosités est généralement très adhérent et ne peut être enlevé que par un outillage spécial : pour y parvenir et garantir ainsi les musiciens qui doivent successivement faire usage du même instrument, le Ministre a décidé que tous les instruments à vent en usage dans l'armée seraient soumis régulièrement, sur l'ordre des chefs de corps, à un nettoyage complet, et, dans certains cas, à la désinfection.

Le nettoyage suffit tant que l'instrument ne change pas de propriétaire et que celui-ci n'est point malade. Comme la souillure de l'instrument s'opère d'une manière continuelle et progressive, il faut que le nettoyage soit fait tous les mois.

La désinfection totale suivie d'un nettoyage avec l'éponge sera nécessairement effectuée chaque fois qu'un instrument changera de propriétaire ou lorsque celui-ci aura été atteint d'une maladie infectieuse.

La technique de ces deux opérations est indiquée ci-dessous.

NETTOYAGE DES INSTRUMENTS EN CUIVRE.

Remplir l'instrument avec de l'eau chaude à 50° ou 60° en la versant par le pavillon et en bouchant l'embouchure ; laisser en contact pendant une dizaine de minutes pour ramollir le mucus ; ceci fait, rincer l'instrument avec de l'eau à la même température et répéter cette opération trois ou quatre fois de suite. Pour achever le nettoyage on aura recours au procédé de l'éponge applicable aux instruments à tubes étroits. On introduit par l'embouchure un morceau d'éponge gros comme une noisette, et on le fait, en soufflant, sortir par le pavillon.

L'éponge sera réintroduite plusieurs fois, jusqu'à ce qu'elle ne ramène plus d'impuretés. Pour les instruments à pistons, on aura soin, après avoir fait passer l'éponge à passage libre, de la faire circuler ensuite avec le premier piston baissé, puis avec le deuxième, etc., de manière à nettoyer toutes les parties de l'instrument.

Si ce procédé était jugé insuffisant, on ferait passer par l'instrument un chiffon, au moyen d'une forte corde à boyau munie d'un œillet destiné à fixer le chiffon. Ce procédé est, du reste, connu de la plupart des musiciens.

Le nettoyage par l'eau chaude est applicable à tous les instruments en cuivre et ne présente aucune difficulté. Il suffit pour les instruments à clés, d'enlever celles-ci pour éviter le contact de l'eau sur les tampons. Pour le procédé de la corde à boyau, un musicien spécialement dressé à cet effet serait chargé de faire l'opération dès qu'elle serait rendue nécessaire.

NETTOYAGE DES INSTRUMENTS EN BOIS.

Ces instruments ne peuvent être mis dans l'eau chaude, ni dans l'eau froide, car ils se fendent. Le nettoyage se fait avec l'écouvillon. Le musicien doit avoir à sa disposition deux écouvillons dont l'un est tenu constamment huilé afin d'être passé une ou deux fois par semaine dans chaque partie de l'instrument pour y laisser un léger brillant et dont l'autre sert à enlever la salive et au besoin l'excédent d'huile.

DÉSINFECTION DES INSTRUMENTS EN CUIVRE.

La désinfection de tous les instruments en cuivre a lieu par leur immersion dans l'eau bouillante pendant dix à quinze minutes. Toutes les parties de l'instrument, embouchures, sons, pompes, pistons et même les ressorts peuvent sans inconvénient être plongés dans l'eau à la température de 100°.

Il suffit pour les instruments à pistons, d'enlever préalablement les deux rondelles de liège de chaque piston et de démonter les clés pour les instruments qui en sont pourvus. On remédiera à la difficulté que peut présenter le volume des saxhorns et des saxophones en soumettant successivement à l'ébullition le haut et le bas de chaque instrument.

Afin de rendre plus facile l'introduction de l'eau bouillante dans toutes les parties de l'instrument, il est recommandé de retirer les pompes ou de démonter les instruments aussi complètement que possible et d'immerger ces parties ainsi séparées.

DÉSINFECTION DES INSTRUMENTS EN BOIS ET DES BECS DES INSTRUMENTS EN CUIVRE A CLÉS.

La désinfection ne peut avoir lieu dans ce cas par l'eau bouillante qui, comme il a été dit plus haut, ferait fendre immédiatement l'instrument.

On aura recours au moyen suivant :

Faire passer dans l'intérieur l'écouvillon légèrement humecté d'une solution de bichlorure de mercure au 1/1000°, et essuyer immédiatement après. La même opération aura lieu pour l'extérieur au voisinage de l'embouchure (pour la flûte), et dans le cas où cette opération serait reconnue nécessaire, sur toute la surface extérieure de l'instrument; la solution du sublimé au 1/1000° n'a pas l'inconvénient d'enlever sensiblement le vernis dont les instruments en bois sont recouverts.

Pour les becs des instruments en cuivre à clés, ils seront démontés; la ligature, qui est en métal, sera soumise à l'ébullition, l'anche, qui a peu de valeur, au besoin remplacée, et le bec, dépourvu de ses accessoires, essuyé et écouvillonné comme il est dit ci-dessus.

Enfin, le nettoyage s'effectuera, pour les clairons et trompettes, sous la surveillance du tambour-major ou du brigadier-trompette, et, pour les instruments de musique, sous celle du chef de musique ou de fanfare.

La désinfection sera effectuée, dans tous les cas, dans un local de l'infirmerie régimentaire; le médecin chef de service fera mettre à la disposition des musiciens l'eau chaude et la solution de bichlorure de mercure nécessaires.

ANNEXE N° 2.

Mode de préparation et de fourniture de la graisse Thomas pour l'entretien des cuirs.

Le Ministre a décidé que la graisse Thomas, adoptée en principe pour l'entretien des cuirs, serait préparée exclusivement au magasin administratif de chaque région de corps d'armée chargé de la fourniture aux divers corps et magasins de ladite région.

I. — Composition de la graisse.

La composition de la graisse Thomas est la suivante pour 1 kilogramme de matières, savoir :

Suif de mouton, fondu..........	600	grammes.
Cire jaune.....................	100	—
Huile de pied de bœuf...........	100	—
Oléorésine de térébenthine......	100	—
Huile lourde de houille.........	100	—

La composition ne contient plus de benjoin. L'huile de houille renferme des produits similaires qui s'opposent à l'oxydation du suif et le mettent à l'abri de la rancité.

Caractères distinctifs des matières. — Les substances énumérées ci-dessus doivent être de bonne qualité et présenter les caractères définis ci-après :

Suif de mouton. — Il doit avoir été fondu aux cretons et être de fabrication récente. Il est blanc de lait avec une nuance nacrée. Doux et cassant, il doit en outre fondre sans laisser de résidus et se dissoudre complètement dans l'éther. Il ne doit pas contenir d'eau ; on reconnaît la présence du liquide au pétillement qui se produit lorsqu'on projette une petite quantité sur des charbons incandescents.

Prix maximum du kilogramme : 1 franc.

Cire jaune. — Elle est faite avec de la cire d'abeilles. Son odeur est analogue à celle du miel. Elle est sèche, non grasse au toucher, tenace et cependant cassante. Sa cassure est nette, à surface un peu grenue. Elle doit fondre sans résidu à 62°.

Prix maximum du kilogramme : 4 francs.

Huile de pied de bœuf. — L'huile de pied de bœuf est jaunâtre, limpide et inodore. Elle ne se concrète que par un grand froid. Sa densité à 15° est de 0,916.

Prix maximum du kilogramme : 1 fr. 40.

Oléorésine de térébenthine. — Cette résine est visqueuse, jaune verdâtre, de la consistance du miel, transparente et non siccative à l'air. Elle doit être complètement soluble dans cinq parties d'alcool à 90°.

Prix maximum du kilogramme : 2 fr. 50.

Huile lourde de houille. — Elle constitue un liquide brun foncé, d'une odeur forte, pénétrante et persistante, d'une densité de 1,050 environ. Sa réaction est alcaline. Elle n'est pas miscible à l'eau, mais elle se dissout dans l'alcool.

Prix maximum : 0 fr. 25 le kilogramme.

II. — Fabrication.

Personnel. — L'atelier comprend deux hommes.

Installation. — Elle comporte un fourneau ordinaire qui sera autant que possible celui déjà en usage dans l'établissement pour l'étamage des ustensiles de campement; à défaut de cet appareil, on pourra, le plus souvent, lui substituer une installation très simple, faite d'un foyer brûlant en plein air, dans une cour ou sous un hangar. Ce n'est que dans le cas d'une fabrication importante, alors qu'aucun des deux modes précédents ne pourrait être appliqué, qu'il faudrait créer une installation de toutes pièces, d'après les indications suivantes :

Le fourneau en briques ordinaires mesure environ $0^m,80$ de hauteur et $1^m,10$ sur chacune de ses autres dimensions. Il est consolidé à sa partie supérieure par une ceinture en fer plat de $0^m,055$ de largeur, et, sur ses arêtes, par des fers cornières. Le foyer circulaire, en briques réfractaires, a $0^m,64$ de diamètre en haut et $0^m,54$ de hauteur à partir de la grille. Autour du logement de la chaudière, règne un conduit où circule la flamme appelée par quatre orifices débouchant dans le foyer. Le tirage est réglé par un registre que l'on manœuvre au moyen d'une chaîne passant sur deux poulies.

Enfin, le massif du fourneau est surmonté d'une hotte et d'une cheminée spéciale pour l'évacuation des buées.

On ménage, à proximité du fourneau, un emplacement pour la marmite en fonte où doit s'opérer le mélange des substances; ce récipient est supporté par un cercle en fer forgé, scellé dans le mur à une certaine hauteur. On fixe de même dans le mur un anneau destiné à soutenir un bistortier.

Matériel. — Le matériel est constitué en vue d'une fabrication de 50 kilogrammes à la fois, quantité qu'il ne faut pas dépasser. Il comprend les objets ci-après, savoir :

1° Une bassine en cul de poule de 100 litres, en cuivre étamé; diamètre $0^m,64$, hauteur $0^m,39$; cette bassine est destinée à faire fondre le suif avec la cire.

2° Une spatule en fer ordinaire de 0^m,50 de longueur, pour mêler le suif et la cire fondus ;

3° Une cuillère en fer étamé de un litre, pour verser les substances fondues sur le linge ;

4° Une marmite en fonte à fond plat de 100 litres environ et de 0^m,70 de diamètre. Cette marmite est soutenue par le cercle en fer dont il a été question précédemment ;

5° Un pilon, dit bistortier, grand pour pommades, d'une longueur de 1^m,70. La partie formant pilon est en bois de gaïac ; le manche est en hêtre ou en châtaignier. Le manche à la partie supérieure est maintenu par un anneau scellé dans le mur ;

6° Un carré simple, grand, formé de quatre traverses en chêne, sur lequel on étend le linge pour passer les substances fondues. Ses branches doivent être assez longues pour qu'on puisse le placer sur la marmite en fonte.

Carré pour passer les substances fondues :

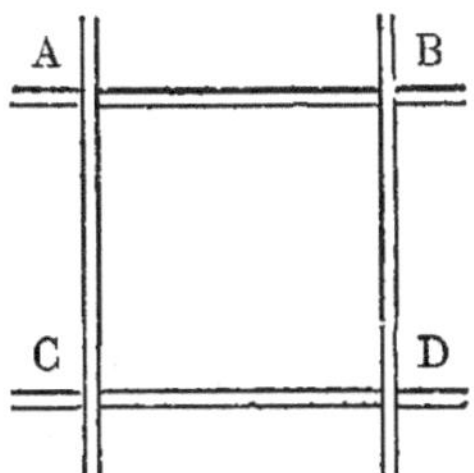

A B C D pointes pour accrocher le linge étendu ;

7° Deux spatules en bois de hêtre, l'une de 0^m,40 de longueur, l'autre de 0^m,27 de long, pour introduire la graisse dans les vases ;

8° Deux bidons en fer étamé de la contenance de 20 litres pour transvaser la graisse fondue.

Préparation. — On fait fondre ensemble à feu doux, dans la bassine en cuivre, le suif et la cire et on remue avec une spatule en fer, jusqu'à ce que les matières soient bien mélangées; puis on verse le mélange fondu dans la marmite en fonte en le passant à travers un linge serré. On ajoute ensuite l'huile de pied de bœuf; puis, quand le mélange commence à se figer sur les bords, l'oléorésine de térébenthine et l'huile de houille. On agite avec un bistortier dont le manche, à la partie supérieure, est maintenu par l'anneau scellé dans le mur et dans lequel il peut être mis librement.

On remue jusqu'à refroidissement et on met la graisse dans les vases à l'aide d'une spatule en bois.

Cette composition a une couleur jaunâtre; elle est homogène et très onctueuse; bien préparée, elle ne présente aucun grumeau et ne contient pas la moindre trace d'humidité.

III. — Emballage et expéditions.

Les récipients employés pour le logement et l'expédition de la graisse comprennent : 1° des pots en grès vernissé de 1, 2, 5 et 10 kilog. ; 2° des barils de 10, 15, 20, 25, 50 et 100 kilog. Le choix de ces récipients sera déterminé, dans chaque cas, par l'établissement expéditeur, d'après les conditions de l'envoi.

Les expéditions seront effectuées par les transports de la guerre, au compte du budget de l'habillement.

IV. — Prix d'achat des matières et du matériel.

Le tableau ci-après indique les prix d'achat maxima des matières et du matériel, dans le cas de marchés de gré à gré :

§ 1er. — *Matières.*

		Prix maxima.
Suif de mouton fondu	le kilog.	1 »
Cire jaune	—	4 »
Huile de pied de bœuf	—	1 40
Oléorésine de térébenthine	—	2 50
Huile lourde de houille	—	« 25

§ 2. — *Matériel.*

		Prix maxima.
Bassine en cuivre en cul de poule de 100 litres	l'unité.	120 »
Cuillère en fer de 1 litre	—	3 »
Spatule en fer de 0^m,50	—	3 »
Marmite en fonte à fond plat sans couvercle de 100 litres environ	—	16 50
Bistortier grand pour pommades	—	25 »
Carré simple grand	—	3 »
Couvercle en tôle pour marmite (à confectionner par économie au magasin administratif ou à acheter dans le commerce).	—	3 »
Spatule en hêtre de 0^m,40 de long	—	« 50
— 0^m,27 —	—	« 50
Bidon de 20 litres	—	8 »
Pots en grès de { 1 kilog	—	« 20
2 à 3 kilog	—	« 40
5 kilog	—	« 55
10 —	—	1 »
Barils de { 10 kilog	—	1 »
15 —	—	1 10
20 —	—	1 40
25 —	—	1 50
50 —	—	2 »
100 —	—	3 »

Les objets énumérés dans ce paragraphe sont compris dans la nomenclature du service de l'habillement.

Toute latitude est d'ailleurs laissée à MM. les directeurs du service de l'intendance pour autoriser l'achat sur place ou dans d'autres régions au mieux des intérêts du Trésor, des matières et objets nécessaires à la fabrication de la graisse Thomas qu'on n'aura pu se procurer dans la limite des prix fixés ci-dessus.

§ 3. — *Installation.*

Dans le cas de construction d'un fourneau spécial, les travaux seront exécutés par le service local du génie au moyen d'un crédit ouvert sur les fonds du budget de l'habillement, à la suite de propositions émanant de l'établissement intéressé.

V. — Production des demandes, livraisons, prix de remboursement.

Les demandes de graisse Thomas seront produites les 1er janvier et 1er juillet de chaque année, en même temps que les demandes trimestrielles d'effets d'habillement visées par l'article 22 de l'instruction du 16 novembre 1887 ; elles devront être satisfaites, autant que possible, dans un délai maximum de trente jours.

Pour chaque livraison ou expédition, le comptable du magasin administratif établira une facture de sortie (mod. n° 9 de l'instruction du 23 novembre 1888) et deux factures d'entrée (mod. n° 5). La pièce de sortie portera décompte de la somme à rembourser pour valeur de la graisse seulement, et mentionnera, pour mémoire, les pots de grès et barils considérés comme matériaux d'emballage.

L'une des factures d'entrée, destinée à appuyer la comptabilité en deniers du réceptionnaire, ne comprendra que la graisse, la dépense devant en être supportée par la masse d'habillement et d'entretien ; les récipients seront inscrits sur la deuxième facture. Ce dernier matériel sera pris en charge par le corps et figurera au registre des matériaux d'emballage (modèle n° 15) ; toutefois, les pots en grès et les barils vides susceptibles d'être utilisés pourront être réexpédiés au magasin administratif régional, après autorisation du sous-intendant militaire chargé de la surveillance de l'établissement. Dans ce cas, le versement ou l'expédition s'effectueront à titre onéreux, et le corps sera remboursé sur production d'un relevé trimestriel de la valeur des récipients facturés sous le classement « bon ». Les frais de transport occasionnés par cette réexpédition seront supportés par la masse d'habillement et d'entretien.

Les matériaux non utilisables seront remis aux Domaines.

La graisse Thomas sera remboursée par les parties prenantes au prix de 1 fr. 60 (un franc soixante centimes) le kilogramme, dans lequel se trouvent compris les frais d'emballage et de transport.

Les ordres de reversement seront délivrés dans les conditions ordinaires par les fonctionnaires de l'intendance militaire.

ANNEXE N° 3.

Procédés à employer pour la désinfection des effets des hommes atteints de la pelade

Le Ministre a décidé, sur la proposition du comité technique de santé, que les procédés indiqués ci-après seront employés pour obtenir la désinfection des effets de toute nature appartenant aux hommes atteints de la pelade, savoir :

1° *Vêtements.* — Immersion dans l'eau bouillante.

2° *Képis sans carcasse.* — Immersion dans une solution phéniquée à 2 ou 3 pour 100. La durée de l'immersion sera de une heure si la solution est froide ; elle sera, au contraire, de quinze minutes si la solution est maintenue pendant cet espace de temps à 40°.

3° *Shakos et képis à carcasse.* — Lavage prolongé à la main avec une brosse douce ou une éponge trempée dans une solution phéniquée à 2 ou 3 p. 100 aussi chaude que possible.

Toutes les fois qu'il s'agit d'une coiffure, les parties intérieures de celle-ci devront toujours être dégraissées avant le commencement des opérations de la désinfection.

LITERIE.

1° *Draps et couvertures.* — Immersion dans l'eau bouillante.

2° *Matelas et traversins.* — Ces objets seront versés à la compagnie des lits militaires, qui en assurera la désinfection de la manière suivante : l'enveloppe des matelas et traversins sera décousue et plongée dans l'eau bouillante ; la laine et le crin seront traités par l'acide sulfureux, conformément à la notice n° 2 annexée au règlement du 30 septembre 1886.

La dépense qui résultera de ces différentes opérations devra être imputée sur les crédits du matériel du service de santé.

Nota.— L'instruction ci-dessus, qui remplace celle du 15 janvier 1888, n'innove rien ; les dispositions initiales y sont reproduites ; elle est d'accord avec les prescriptions et l'esprit du règlement sur le service de l'habillement dans les corps de troupe ; elle abroge en les résumant les documents suivants :

1° Note ministérielle du 11 avril 1888, portant modification à l'instruction du 15 janvier 1888, relative à l'entretien des effets de laine ;

2° Note ministérielle du 4 mars 1889, relative à la mise en

état des fausses jugulaires en métal pour képis de sous-officier, détériorées par l'oxyde;

3° Modifications du 10 mai 1889, à l'instruction ministérielle du 15 janvier 1888, sur la manière de manutentionner et d'entretenir les effets dans les magasins;

4° Modification du 18 juillet 1889, à la note ministérielle du 4 mars 1889, relative à la mise en état des fausses jugulaires en métal détériorées par l'oxyde;

5° Note ministérielle du 13 octobre 1889, complétant l'instruction du 15 janvier 1888, sur la manière de manutentionner et d'entretenir les effets dans les magasins;

6° Note ministérielle du 19 avril 1890, relative à l'emploi de la graisse Thomas concurremment avec la nourriture Mironde, pour l'entretien des cuirs;

7° Décision ministérielle du 10 juin 1890, portant modification à l'instruction du 15 janvier 1888, sur l'entretien des effets en magasin;

8° Décision ministérielle du 23 juillet 1890, pour le nettoyage et la désinfection des instruments de musique à vent, en cuivre et en bois;

9° Note ministérielle du 28 décembre 1890, complétant, en ce qui concerne l'emploi de l'acide sulfureux, l'instruction du 15 janvier 1888 sur la manière de manutentionner et d'entretenir les effets dans les magasins;

10° Note ministérielle du 31 janvier 1891, relative à la préparation, à la fourniture et à l'emploi de la graisse Thomas pour l'entretien des cuirs;

11° Note ministérielle du 20 mars 1891, relative à l'emploi de la naphtaline pour la conservation des lainages et des brosses;

12° Appendice du 21 juillet 1891, à la note ministérielle du 31 janvier 1891, relative à la préparation, à la fourniture et à l'emploi de la graisse Thomas, pour l'entretien des cuirs.

13° Note ministérielle du 17 août 1891, indiquant les procédés à employer pour la désinfection des effets des hommes atteints de la pelade.

Signé : C. DE FREYCINET.

Paris et Limoges. — Imprimerie militaire Henri CHARLES-LAVAUZELLE.

www.ingramcontent.com/pod-product-compliance
Lightning Source LLC
LaVergne TN
LVHW012317050726
842524LV00004B/1454